OSBS 동물농장TV × 애니멀봐 공식 동물 만화 백과

쪼꼬미 동물병원 ⑤
- 야생 탐험 편 -

원작 SBS TV 동물농장 X 애니멀봐 글 권용찬 그림 이연 감수 최영민

원작 소개의 글
우리 곁에서 함께 살아가는 수많은 동물들!
그 알쏭달쏭한 동물 세계를 탐구한다!

⭐ 구독자 수 496만 명의 인기 유튜브 ⭐

〈SBS TV 동물농장 X 애니멀봐〉는 496만 명의 구독자를 보유한 유튜브 채널로, 다채로운 동물 이야기를 다루며 사람과 동물의 세계를 더 가깝게 연결해 주고 있어요!

⭐ 대표 오리지널 콘텐츠 ⭐

'쪼꼬미 동물병원'은 〈SBS TV 동물농장 X 애니멀봐〉의 대표적인 오리지널 콘텐츠 중 하나예요! 다양한 이유로 병원을 찾은 소동물 친구들의 치료 이야기를 따뜻한 시선으로 담아내며, 시청자들에게 더 넓은 동물 세계를 보여 주고 있지요!

감수의 글
"쪼동이 뭐라고 생각하세요?"

우리가 살고 있는 이 세상에는 수십만 종의 동물이 있습니다. 모두 인간의 삶에 많은 영향을 주는 존재들이죠. 그래서 우리는 동물과 함께 살아가는 법을 배워야 합니다.
〈쪼꼬미 동물병원〉은 동물에 대한 정보와 병원 이야기를 재미있는 만화로 풀어냈습니다. 단순히 병을 치료하는 이야기만 있는 것이 아니라, 동물 친구들과 함께 잘 살아가기 위해 꼭 필요한 관심, 사랑, 이해심에 대한 이야기도 담고 있지요.

이 책을 읽은 후, 주변을 한번 둘러보세요. 모든 동물이 저마다의 방식으로 행복하고 건강하게 살기 위해 노력하고 있다는 것을 알게 될 거예요. 또한 독자 여러분도 생명의 소중함을 이해하고, 보다 더 따뜻한 마음으로 동물을 대할 수 있게 될 것이랍니다.

그럼 지금 바로, 책장을 넘겨 사랑스럽고 귀여운 쪼꼬미 동물 친구들을 만나 보세요!

여러분도 '쪼동'이 무엇인지 깨닫게 될 거예요!

최영민 수의사

차례

 프롤로그 ················· 10

1장

 제1화. 턱끈펭귄 ············ 20

 제2화. 웨들바다표범 ········· 32

2장

 제3화. 페넥여우 자몽 ········ 46

 제4화. 이집트코브라 아포 ····· 58

3장

 제5화. 병아리 삐약이 ········ 72

이야기가 끝날 때마다
내가 기록한
특별한 쪼꼬미 일지도
확인할 수 있어!

제6화. 긴팔원숭이 꾸리 · · · · · · · · · · · · · 84

제7화. 볏도마뱀붙이 와플 · · · · · · · · · · · · · 96

4장

제8화. 고슴도치 수치 · · · · · · · · · · · · · 110

제9화. 호스필드거북 더지 · · · · · · · · · · · · · 122

제10화. 검목상어 깡이 · · · · · · · · · · · · · 134

5장 환경에 적응한 동물 이야기

다양한 환경에서 살아가는 동물들! · · · · · · · · · · · 148

내 반려동물은 어떤 병에 취약할까? · · · · · · · · · · 152

에필로그 〈쪼꼬미의 소소한 일상 만화〉 · · · · · · 153

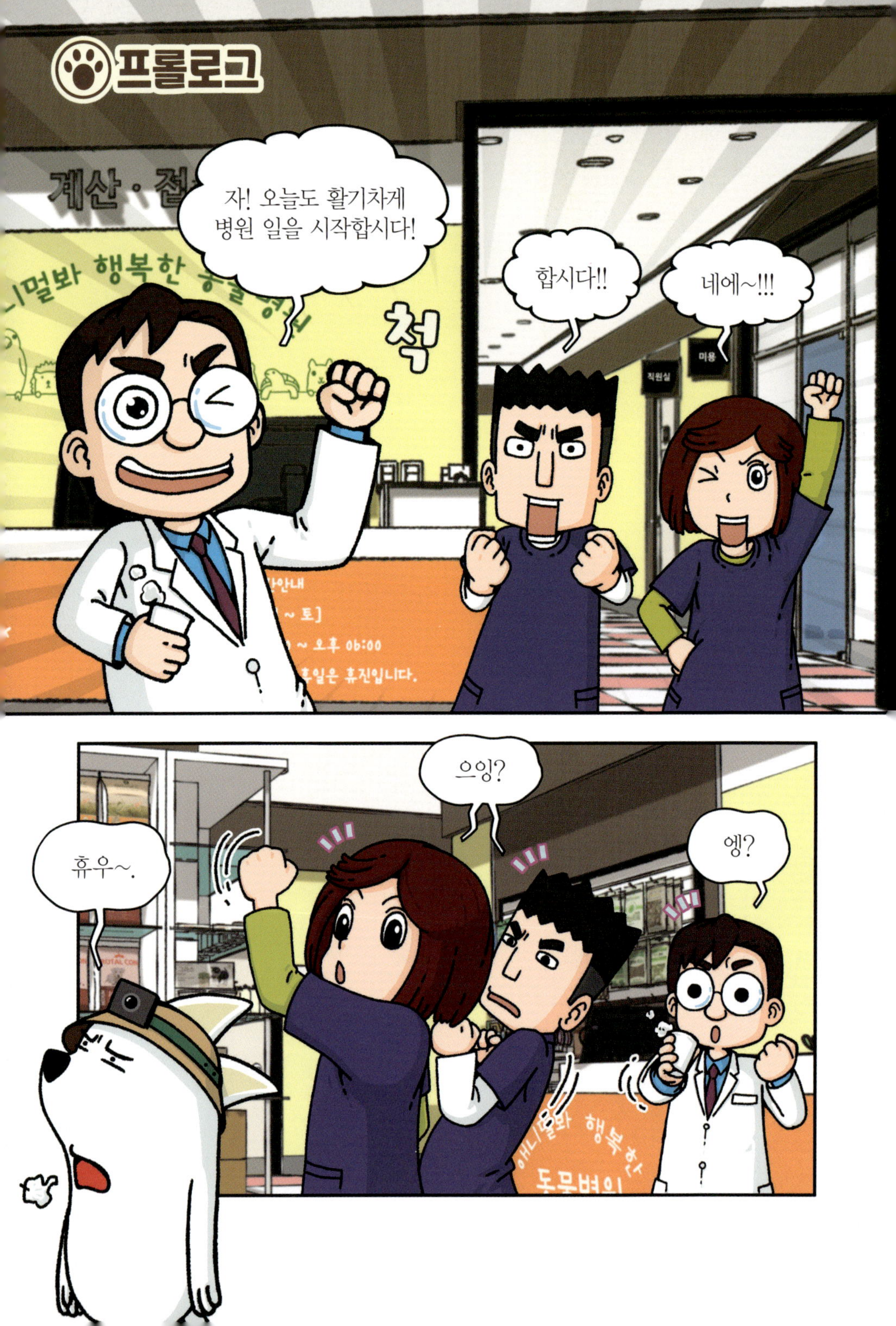
프롤로그
자! 오늘도 활기차게 병원 일을 시작합시다!
척
합시다!!
네에~!!!
직원실
미용
휴우~.
으잉?
엥?

귀엽고 조그만 친구들이나 외국에서 온 신기한 친구들을 사귀고 돌보는 게 정말 좋았어요. 또 우리 동물병원 매니저로서 전 누구보다 동물들을 잘 알고 있다고 생각했지요.

그런데…. 그런데…!

그런데…?!

익숙해질만 하면 처음 보는 동물 친구들이 끝없이 등장하는 거예요! 사실 전 까막눈이나 마찬가지였던 거죠!

뭐? 까막눈?!

전 동물 지식도 부족하고, 처음 보는 동물 친구들을 돌보려다가 실수도 자주 하고. 매니저로서 실격이에요!!

낯선 동물을 보면 우리도 가끔 당황하긴 해.

맞아. 더구나 작고 희귀한 친구들일수록 치료가 더 힘들지.

으음…

하루, 네 말대로 넌 매니저로서 아직 부족해.

네? 그럼 절 이제 해고하실 건가요?

선생님, 아무리 그래도 그렇게 심한 말을…!

그래서 매니저를 포기할 거냐?

정말 그만두고 싶어?

그럴 리가요! 제가 병원을 얼마나 사랑하는데요!

그러면 약한 소리 하지 말고 어떻게든 이 상황을 이겨 낼 생각을 해야지!

이겨 내라고요? 어떻게요?

1장

제1화. 턱끈펭귄
제2화. 웨들바다표범

'하루'의 쪼꼬미 일지

 오늘의 동물
↳ **턱끈펭귄**

남극에서 처음으로 만난 동물, 턱끈펭귄! 조는 것 같으면서도 깨어 있고, 깨어 있으면서도 조는 것 같은 모습이 인상적이었다! 성격이 까칠한 이유가 수면 부족 때문이었을까? 하지만 생각보다 허술한 감시 덕분에 다른 펭귄들이 길을 지나갈 수 있었다!

📷 **오늘의 찰칵!**

이 구역 미친 펭귄은 나야!

카리스마 넘치는 자태로 주변을 감시하는 턱끈펭귄!

내 새끼 건들기만 해 봐! 콱, 그냥!

24시간 내내 경계 태세로 알을 품고 있어!

육지에서는 둥근 형태의 둥지를 만들어 새끼를 지켜!

바다에서 크릴새우와 생선을 사냥하는 중이야!

턱끈펭귄에 대해 알려 줄게!

검은색의 얇은 띠무늬가 있어.

눈매가 날카로워.

방수 기능이 있는 빽빽한 깃털로 덮여 있어.

- ✓ **동물 분류:** 조류
- ✓ **서식지:** 남극 대륙에서 살고 있어!
- ✓ **평균 길이:** 몸길이 약 68cm
- ✓ **평균 몸무게:** 약 6kg
- ✓ **먹이:** 크릴새우, 새우, 생선 등

더 알아보자!

남극 대륙에 사는 턱끈펭귄은 먹이를 찾기 위해 매일 바다에서 80km를 헤엄치는 동물이야. 부화 기간에는 육지에서 돌로 원형 둥지를 짓고 암컷과 수컷이 교대로 알을 품지. 턱에 그려진 얇은 헬멧 끈이 턱끈펭귄의 특징이야. 사랑스러운 겉모습과는 달리 경계심이 강하고 호전적인 성격을 가지고 있지. 하지만 의외로 다른 펭귄들과는 관계가 나쁘지 않아. 서식지가 겹치는 젠투펭귄을 피해 최대 2배나 멀리 이동해 먹이를 사냥하거든. 이는 각자 선호하는 먹이가 다르기 때문이라고 해.

70kg! 너 진짜 갓 태어난 새끼 맞아?

끙~.

쿵!

지극히 정상이란다. 웨들바다표범의 새끼는 태어났을 때 몸무게가 약 25~30kg 정도인데, 일주일 만에 몸무게가 두 배로 불어나거든.

웨들바다표범의 모유는 지방 함유량이 60%가 넘는단다. 그 밖에 성장에 필요한 다른 영양분도 매우 풍부해서 새끼가 빨리 자라지.

웨들 모유 지방 60%
사람 모유 지방 4.5%

또한 모유에 포함된 다량의 철분은 웨들바다표범 새끼의 잠수 능력을 높여 주는 데 큰 역할을 해.

산소통 없이도 오래 잠수할 수 있어.

철분이 피에서 산소를 운반해 주는 역할을 하기 때문이란다.

'하루'의 쪼꼬미 일지

오늘의 동물 → **웨들바다표범**

잠수를 못 하게 된 웨들바다표범이 찾아왔다! 먹이를 바다에서 사냥하는 동물인데 괜찮은 걸까? 게다가 새끼들도 있다고?! 하지만 검사 결과 모유 수유를 하면서 철분 부족으로 생긴 일시적인 증상이라는 것을 알게 되었다. 마음이 한결 놓인다!

📷 오늘의 찰칵!

웨들바다표범이 남극 기지를 찾아왔어!

잠수 못 하는 물범 본 적 있어요? ㅠㅠ

잠수를 못 하게 되었다는 웨들바다표범. 무엇 때문일까?

이제 마음 놓고 사냥할 고야!

남극 기지 연구원들의 도움을 받아 다시 잠수할 수 있게 됐어!

앞으로도 아이들과 잠수하며 행복하게 지내길~!

웨들바다표범에 대해 알려 줄게!

귓바퀴가 없고 귓구멍만 있어.

앞지느러미가 짧아.

몸 전체에 작은 반점이 있어.

- ✓ **동물 분류:** 포유류
- ✓ **서식지:** 남반구에서 살고 있어!
- ✓ **평균 길이:** 수컷 약 2.9m, 암컷 약 3.3m
- ✓ **평균 몸무게:** 약 400~450kg
- ✓ **먹이:** 물고기, 오징어 등

더 알아보자!

웨들바다표범은 지구의 가장 남쪽에 사는 포유류야. 웨들바다표범이라는 이름은 영국 항해 사이자 바다표범잡이인 '제임스 웨들'의 이름에서 따왔지. 웨들바다표범은 얼음 위에서 새끼를 낳는데, 새끼는 태어난 지 2주가 되자마자 어미와 함께 먹이를 찾아 잠수를 해. 이 과정에서 잠수 방법을 배우게 되지. 성체가 되면 물속에서 80분이나 견딜 수 있고, 수심 700m까지 깊이 잠수할 수 있다고 해. 이런 놀라운 능력 덕분에 먹이를 찾아 생존하는 데 유리해.

2장

제3화. 페넥여우 자몽
제4화. 이집트코브라 아포

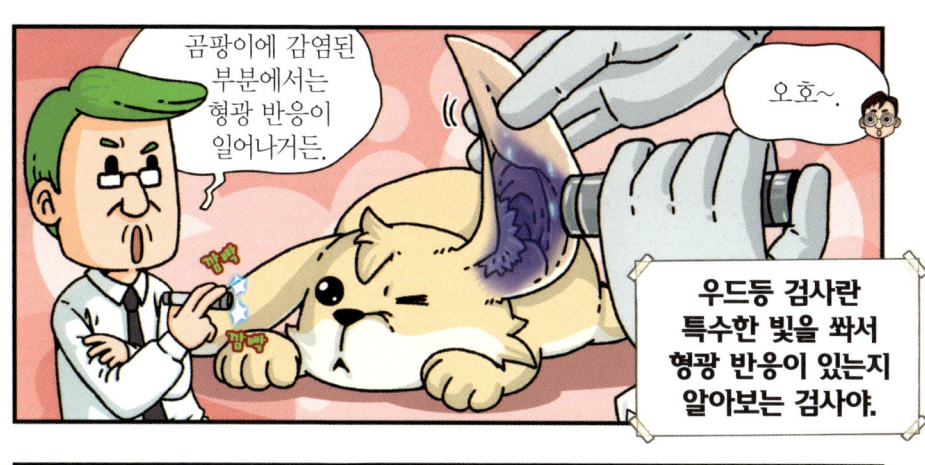

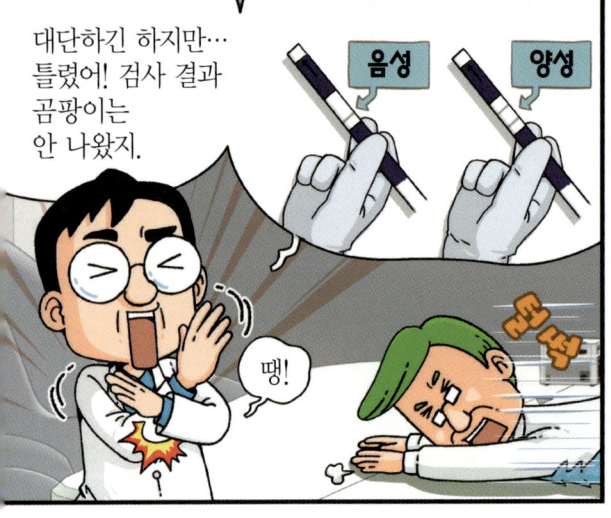

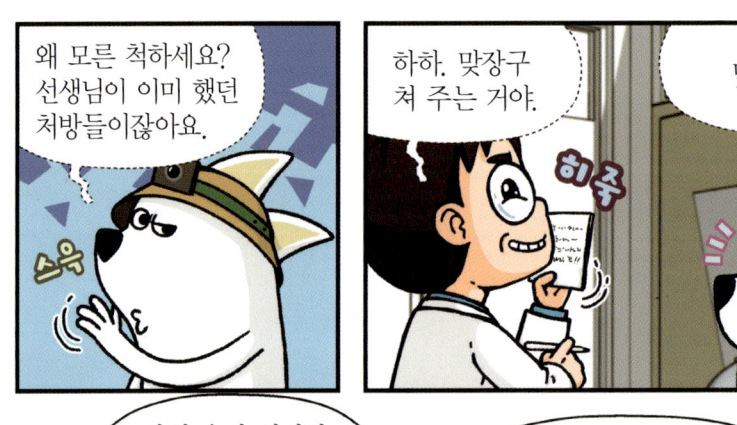

'하루'의 쪼꼬미 일지

오늘의 동물 → **페넥여우**

몸 곳곳이 붉게 헐어 병원을 급하게 방문했던 페넥여우 '자몽'.
곰팡이에 감염된 것이라면 동물원 전체가 위험해지는 긴박한 상황!
하지만 다행히도(?) 접촉성 피부염을 확진받고 모두가 한시름 놓은 순간!

📷 오늘의 찰칵!

우아, 반가웡!

어라? 병원을 방문한 어딘가 익숙한 얼굴!

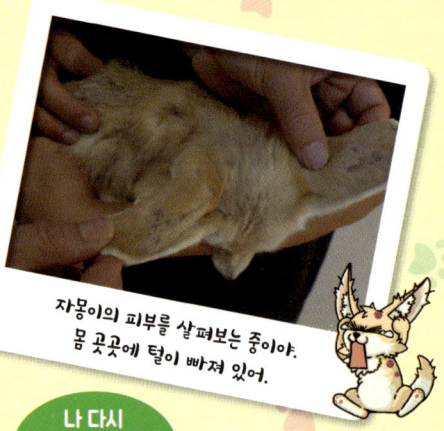

자몽이의 피부를 살펴보는 중이야.
몸 곳곳에 털이 빠져 있어.

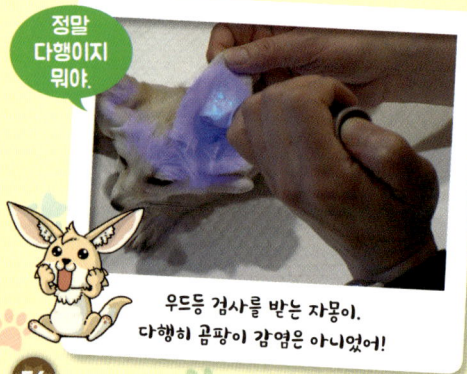

정말 다행이지 뭐야.

우드등 검사를 받는 자몽이.
다행히 곰팡이 감염은 아니었어!

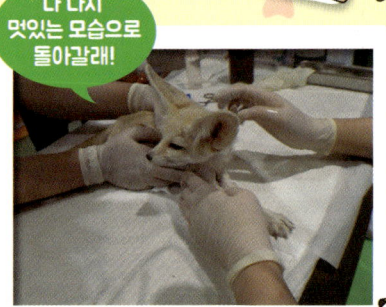

나 다시 멋있는 모습으로 돌아갈래!

약을 처방받는 자몽이.
잘 먹고 잘 바르기 약속~!

페넥여우에 대해 알려 줄게!

사막 기후에 최적화되어 몸집이 작아.

발바닥까지 털이 자라!

- ✓ **동물 분류:** 포유류
- ✓ **서식지:** 북아프리카와 아시아의 사막 지대에서 살고 있어!
- ✓ **평균 길이:** 몸길이 약 35~41cm, 꼬리 길이 약 18~30cm, 뒷발 길이 약 10~11cm, 귀 길이 약 6cm
- ✓ **평균 몸무게:** 약 1~1.5kg
- ✓ **먹이:** 과일, 알, 작은 쥐, 도마뱀, 벌레 등

더 알아보자!

큰 귀와 작은 몸집이 특징인 페넥여우는 암수가 쌍을 이루거나 가족 단위로 무리 지어 생활하는 동물이야. 야행성이라 해 질 녘에 보금자리를 떠나 동트기 전에 돌아오는 습성이 있지. 하얀색 털을 갖고 태어나는데, 자라면서 털빛이 모래처럼 노랗게 변해. 이 털은 사막의 뜨거운 열을 반사하는데 도움이 되고 적의 눈에 띄지 않도록 보호색 역할을 해 주지. 현재는 환경 오염으로 서식지가 줄어든데다 사냥을 당해서 개체 수가 많이 줄었어.

나는 태양신답게 매일 같이 하늘을 건너는 배에 올라타고 하루에 한 번씩 세상을 돌지.

그 중 지하 세계를 건널 때, 자정이 막 지나자마자 아포피스가 나타나 내 배를 공격한다네.

고대 이집트에서 가장 무서운 뱀은 바로 맹독을 지닌 이집트코브라와 거대한 아프리카비단뱀이었어. 그런 이유로 고대 이집트인들은 신조차 두려워하는 강력한 괴물로 두 뱀을 합친 아포피스를 상상했단다.

늘은 유달리 른 시간에 지상에 타났다 했더니만. 희를 쫓다가 내 배에 였던 거였구먼.

너무 태연하신 것 아니에요?

난 지금까지 단 한번도 아포피스에게 진 적이 없단다.

깜짝 등장! 포꼬미 퀴즈! ④
이집트코브라는 파라오의 상징이다?

'하루'의 쪼꼬미 일지

 오늘의 동물

이집트코브라

똬리를 튼 모습이 마치 모자 같아서 나도 모르게 쓸 뻔했던 이집트코브라 '아포'. 고대 이집트에서 가장 무서운 뱀이었단다. 한바탕 꿈을 꾸고 나니 이집트코브라가 다르게 보이네. 그건… 과연 정말 꿈이었을까?

오늘의 찰칵!

존재감만으로 압도적인 이집트코브라 '아포'의 등장!

내 몸 건드리기만 해 봐!

듣던 대로 굉장히 까칠해 보이네. 맹독을 가지고 있기 때문에 조심, 또 조심!

햇볕 좋아!

주로 밤에 활동하지만 가끔 아침에 나와 햇볕 쬐는 것도 좋아해!

이집트코브라에 대해 알려 줄게!

머리가 평평해.

목 부위의 긴 갈비뼈를 확장해 목을 펼칠 수 있어.

꼬리가 점점 가늘어져.

- ✔ **동물 분류:** 포유류
- ✔ **서식지:** 주로 북아프리카에서 살고 있어!
- ✔ **평균 길이:** 몸길이 약 1.4~2.59m
- ✔ **평균 몸무게:** 약 9kg
- ✔ **먹이:** 두꺼비, 작은 포유류, 새, 알, 도마뱀 등

더 알아보자!

이집트코브라는 고대 이집트에서 파라오의 상징으로 여겼어. 파라오의 왕관을 보면 뱀 장식이 붙어 있는 것을 볼 수 있는데, 이 장식은 '우라에우스'라는 장식으로 이집트코브라를 본따 만들어졌지. 흥분하면 갈비뼈를 펴서 몸을 크게 부풀리고, 사람에게 아주 치명적인 강력한 독을 뿜을 수도 있어. 이런 특징 때문에 고대 이집트 사람들은 파라오를 수호하는 신성한 상징으로 여겼어.

3장

제5화. 병아리 삐약이
제6화. 긴팔원숭이 꾸리
제7화. 볏도마뱀붙이 와플

'하루'의 쪼꼬미 일지

오늘의 동물

병아리

선천적인 뼈의 기형으로 걷지도 서지도 못했던 병아리 '삐약이'. 하지만 선생님의 특급 치료 덕분에 곧 걷게 될 것이라고 믿는다. 삐약이의 눈부신 앞날을 응원할게~!

오늘의 찰칵!

알을 까고 힘겹게 세상 밖으로 나온 삐약이!

내 다리 왜, 왜 이래?!

중심을 잡지 못하고 비틀거리는 안타까운 모습…!

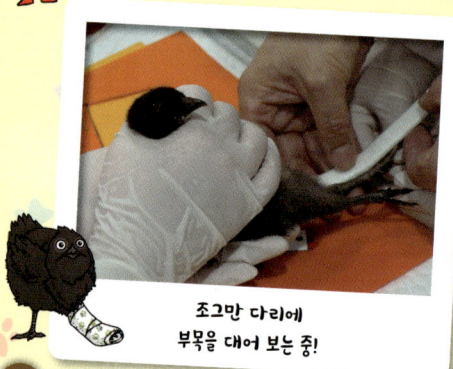

조그만 다리에 부목을 대어 보는 중!

우아, 나 롱다리 됐어!

교정을 마친 삐약이! 어색해도 조금만 더 참아 줘!

병아리에 대해 알려 줄게!

깃털이 아주 부드러워.

짧은 다리로 재빠르게 움직일 수 있어.

- ✔ **동물 분류:** 조류
- ✔ **서식지:** 전 세계 곳곳에서 살고 있어!
- ✔ **평균 길이:** 약 6~7cm
- ✔ **평균 몸무게:** 약 30~40g
- ✔ **먹이:** 곡물과 작은 곤충 등

더 알아보자!

병아리는 아직 다 자라지 않은 어린 닭을 일컫는 말이야. 닭이 태어난 직후부터 20주까지를 병아리라고 부르지. 병아리는 알에서 약 21일 정도가 지나면 세상 밖으로 나오게 돼. 태어난 직후부터 빠르게 성장하는데, 이 시기에 온도와 먹이를 잘 조절해 주는 것이 아주 중요해. 작고 귀여운 동물이지만 올바른 관리와 사랑이 필요하다는 사실, 잊지 마!

*군자(君子): 〈유교〉에서 '행실이 점잖고 어질며 덕과 학식이 높은 사람'을 일컫는 말

깜짝 등장! 쪼꼬미 퀴즈! ⑥
긴팔원숭이는 노래를 부르며 하루를 시작한다?

'하루'의 쪼꼬미 일지

오늘의 동물 → **긴팔원숭이**

나무 타기로 둘째가라면 서러울 긴팔원숭이 '꾸리'! 괴물 같은 실루엣으로 다가와 깜짝 놀랐지만 생각보다 점잖은 성격이라 안심이 됐다. 오래오래 나무 타려면 예방 주사 꼭 맞자~!

오늘의 찰칵!

안녕하시라우, 반갑다우!

세상에서 제일 예의 바른 긴팔원숭이, '꾸리'가 나타났어!

거 좀 조용히 좀 해 보쇼!

쉿! 예방 주사 맞기 싫어서 수풀 사이에 숨어 있는 중!

이, 이번만 잡혀 주겠다오!

결국 선생님에게 붙잡힌 꾸리! 꾸리야, 주사는 꼭 맞아야 해!

긴팔원숭이에 대해 알려 줄게!

팔이 유난히 길어.

얼굴에 털이 없어서 표정이 잘 드러나.

땅에서는 두 발로 걷기도 해.

- **동물 분류:** 포유류
- **서식지:** 자바, 보루네오섬 등 열대 우림에서 살고 있어!
- **평균 길이:** 약 60~76cm
- **평균 몸무게:** 약 10kg
- **먹이:** 나무 열매, 나뭇잎, 곤충, 새의 알 등

더 알아보자!

긴팔원숭이라는 이름은 유난히 긴 팔 때문에 붙었어. 기다란 두 팔로 나뭇가지에 매달려서 민첩하게 나무 사이를 건너다니지. 이 속도가 무려 시속 50km를 넘을 정도라고 해. 발을 이용하는 다른 원숭이들과 다르게 팔로만 이동하면서도 뛰어난 균형 감각으로 나무에서 떨어지지 않아. 큰 울음주머니가 있어서 멀리 떨어져 있는 무리와도 의사소통이 가능해. 울음소리는 약 4km에서도 들릴 정도지.

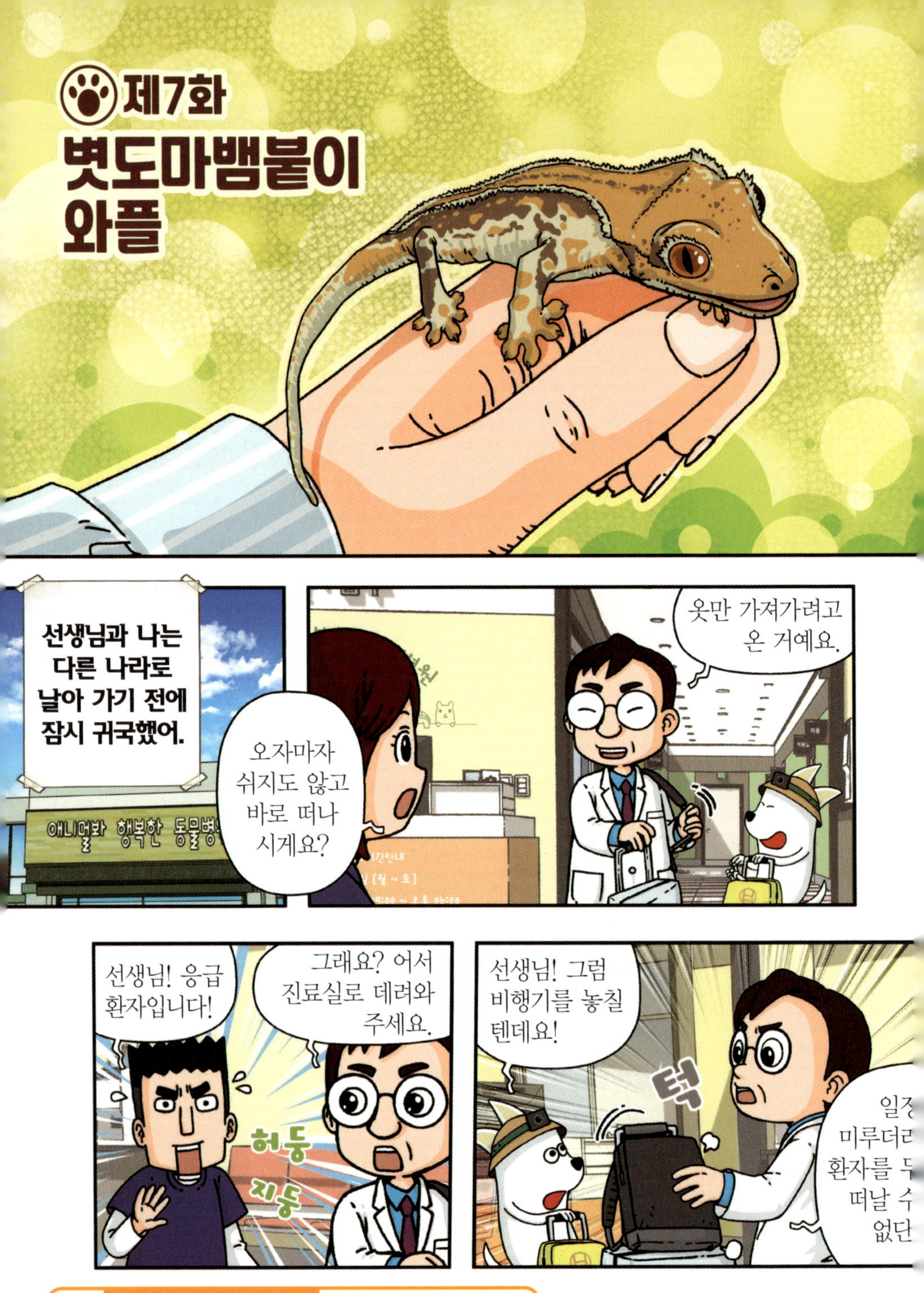

제7화
볏도마뱀붙이 와플

 깜짝 등장! 포꼬미 퀴즈! ⑦
볏도마뱀붙이는 꼬리가 잘려도 재생된다?

와플이의 증상이 심각한가요? 수술이면 몰라도 진료 중에 중단한 적은 거의 없으셨잖아요.

혹시 선생님도 모르는 병인가요?

어떤 병인지는 알았다.

와플의 병은 *수포성 각막병증(Bullous spectaculopathy)라는 병이야.

쿵!

볏도마뱀붙이는 눈동자 바깥에 투명한 막이 있어. 이걸 '스펙타클'이라고 하지.

아! 그럼 와플이는 이 막에 문제가 생긴 거군요!

와플이의 경우 높은 곳에서 떨어지면서 받은 충격 때문에 이 막과 눈 사이에 고인 눈물이 안 나오게 된 거야.

눈물이 안 나오면 눈이 뿌옇게 되면서 시력도 약해지잖아요. 즉, 실명 위기!

※**수포성 각막병증**(Bullous spectaculopathy) : 각막과 안경 사이의 공간이 부어오르는 증상.

99

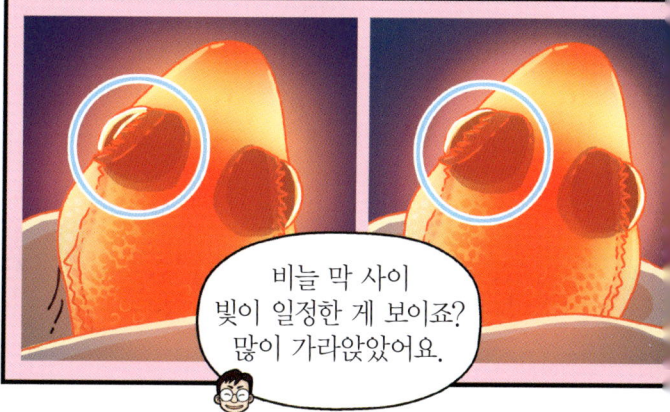

'하루'의 쪼꼬미 일지

오늘의 동물
볏도마뱀붙이

병원을 찾아온 응급 환자, 볏도마뱀붙이 '와플'! 추락 사고로 시력을 잃을 위기에 처했다! 하지만 동물 친구들을 향한 선생님의 사랑 덕분에 와플이가 시력을 되찾은 감동적인 날!

오늘의 찰칵!

와플이가 위급한 상황으로 병원을 찾아왔어.

빛을 이용해 와플이의 눈 상태를 꼼꼼히 확인하는 중!

나, 난 안 무섭다!

조심 조심 신중하게 안압을 확인하고 있어!

금방 나을 거예요! 걱정 마세요!

와플이의 눈이 빨리 회복되어 더 많은 세상을 볼 수 있길!

볏도마뱀붙이에 대해 알려 줄게!

눈꺼풀이 없는 대신, 투명한 눈 비늘이 있어!

눈 위에 속눈썹처럼 생긴 돌기가 있어!

- ✔ **동물 분류:** 파충류
- ✔ **서식지:** 뉴칼레도니아섬에서 살고 있어!
- ✔ **평균 길이:** 몸길이 약 15~25cm
- ✔ **평균 몸무게:** 약 25~40g
- ✔ **먹이:** 과일, 곤충 등

더 알아보자!

'볏도마뱀붙이'라는 이름은 눈 윗부분에 달린 가시 모양의 돌기 때문에 붙은 이름이야. '크레스티드 게코'라고 불리기도 하지. 눈꺼풀이 없어서 눈을 감지 못하고, 대신 투명한 비늘로 눈을 보호해. 눈을 닦고 싶을 때는 혀로 직접 눈을 핥아서 먼지나 이물질을 제거하지. 위험한 순간이 오면 꼬리를 끊고 달아나는데 다른 몇몇 도마뱀과는 달리 한번 잘린 꼬리는 재생하지 않는다고 해.

4장

제8화. 고슴도치 수치
제9화. 호스필드거북 더지
제10화. 검목상어 깡이

제8화
고슴도치 수치

나와 원장님은 외국으로 가던 비행기 안에서 한 가지 재미있는 소동을 겪었어.

뭐? 딱 하나 남아 있던 비빔밥을 다른 사람이 먼저 주문했다고?!

그게 무슨 말이에요, 비빔밥이 없다는 게?!

죄송합니다.

마지막 비빔밥! 바로 나잖아.

 깜짝 등장! 포꼼미 퀴즈! ⑧
고슴도치는 시력이 발달해서 다양한 색깔을 볼 수 있다?

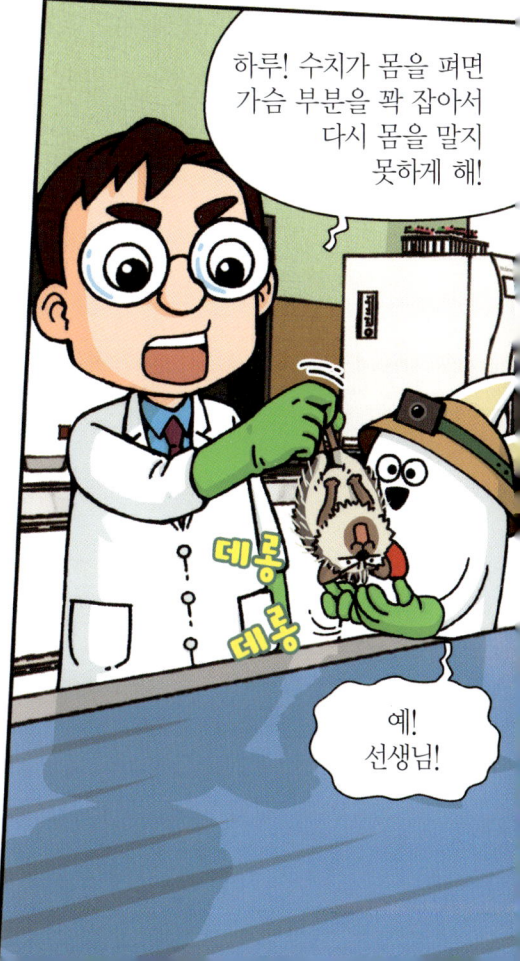

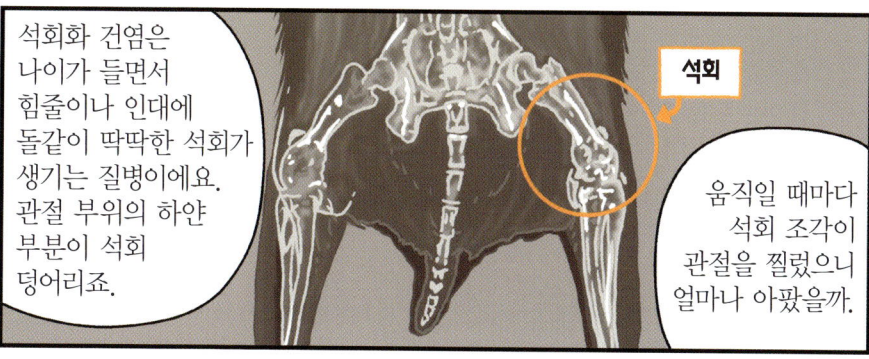

'하루'의 쪼꼬미 일지

 오늘의 동물 →

고슴도치

검진을 거부해 병원을 떠들썩하게 만들었던 고슴도치 '수치'!
온몸에 돋은 가시 때문에 검진을 할 수 있을지 걱정됐지만
수치도 전설의 선생님을 이길 순 없었다…!

📷 **오늘의 찰칵!**

"여, 여긴 어디? 나는 누구?"

더운 여름, 담요에 꽁꽁 둘러싸인 고슴도치 '수치'가 병원을 방문했어.

수치가 온몸으로 검진을 거부하는 중이야!

"이, 이거 놓으시게…!"

한참을 거부한 후에야 다리가 잡힌 녀석!

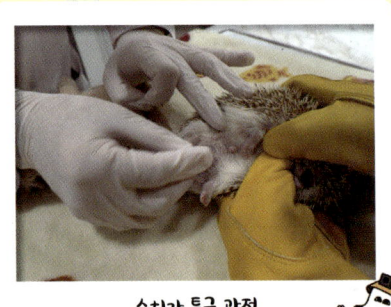

수치가 특급 관절 치료를 받고 있어.

고슴도치에 대해 알려 줄게!

주둥이가 뽀족해.

등과 옆구리에 2cm 정도의 가시가 나 있어.

네 다리가 모두 짧아.

- ✓ **동물 분류:** 포유류
- ✓ **서식지:** 중국 동북부, 러시아 연해주, 한국 등에서 살고 있어!
- ✓ **평균 길이:** 몸길이 약 20~30cm, 꼬리 길이 약 3~4cm
- ✓ **평균 몸무게:** 약 360~630g
- ✓ **먹이:** 곤충, 지렁이, 달팽이, 새알, 과일 등

더 알아보자!

고슴도치의 가시는 천적으로부터 자신을 보호하는 중요한 방어 수단이야. 위협을 느끼면 몸을 동그랗게 말아 약 5,000~7,000개의 가시로 자신을 보호하지. 또 고슴도치는 새로운 냄새나 신기한 물질을 발견하면, 그걸 자기 침에 묻혀 가시에 바르는 독특한 습성이 있어. 이런 행동을 하는 정확한 이유는 아직 연구 중이지만, 외부 물질을 통해 자신의 냄새를 숨기는 목적이 있을 것으로 추측하고 있어.

제9화
호스필드거북 더지

> 선생님과 국내에 잠시 머무르는 동안 괴상한 사건 하나를 제보 받았어. 난 바쁜 선생님을 대신해 사고 현장에 들렸지.

> 이 장소에서 피해자는 의문의 상처를 입었어.

> 맞아.

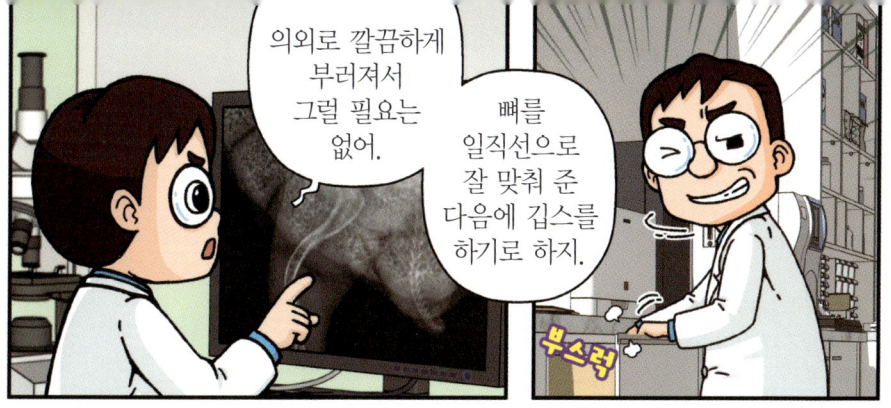

'하루'의 쪼꼬미 일지

오늘의 동물
호스필드거북

호스필드거북 '더지'가 병원을 방문했다!
등갑이 깨졌지만 원인을 모른다고?! 우리는 아주 엄밀히 조사했지만
결국 원인은 찾지 못했다…!
더지야, 네 비밀은 지켜 줄 테니 아프지만 말아라!

📷 오늘의 찰칵!

후훗.
미스터리한 사건의 주인공,
호스필드거북 '더지'!

우선 엑스레이 검사를
해 보고 있어!

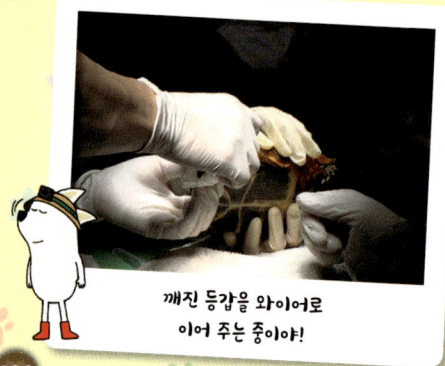
깨진 등갑을 와이어로
이어 주는 중이야!

나 더지,
세계 최고 빠른
거북이다!
배에 새 바퀴도 달아서
자신감이 넘치는걸?!

호스필드거북에 대해 알려 줄게!

등갑에 검은 무늬가 있어.

등갑은 뼈와 단단한 각질로 이루어져 있어.

앞 발가락이 4개야.

- ✓ **동물 분류:** 파충류
- ✓ **서식지:** 중앙아시아, 동유럽 인근에서 살고 있어!
- ✓ **평균 길이:** 약 20~25cm
- ✓ **먹이:** 풀, 잎, 야채, 과일 등

더 알아보자!

호스필드거북은 1968년 소련의 우주선 Zond 5에 탑승해 달 주위를 돌고 무사히 귀환한 첫 번째 동물로 유명해. 북반구의 건조 지대에 서식하기 때문에 1년에 최대 9개월 정도까지 동면하는 게 특징이지. 날씨가 춥거나 더울 때, 먹을 것이 부족할 때도 동면에 들어가. 단단한 발톱으로 땅굴을 파서 생활하는데, 땅굴 속으로 들어가면 포식자의 눈에 띄지 않을 뿐 아니라 낮은 기온에서도 견딜 수 있지. 이런 점 덕분에 사막에서도 잘 생존할 수 있다고 해.

제10화
검목상어 깡이

선생님과 나는 해양 연구선을 타고 먼바다로 나갔어. 선생님의 친구가 심해 동물 연구를 하고 계셨거든.

자! 우리 수중 드론이 심해에서 어떤 동물을 찍어 왔나 볼까!

이게 뭐야!

쿵

어? 여기 이상하게 생긴 톱니무늬가 있어요.

톱니무늬?

그 녀석, 빠진 이빨이 필요하겠지?
네가 망가뜨린 장비 대신 우리 연구를 도와주면, 이빨을 찾아 주마!
뭐?! 지금 협박하는 거야?
아까 찍은 영상 아주 좋았어. 이번엔 심해 200미터 촬영 부탁해.
귀여워~.
선생님에게 안 귀여운 동물이 있을까?
척
내 이빨 꼭 찾아 주기로 약속했다!
깡이는 지금 어디서 무엇을 하고 있을까? 물론 잠수함을 물어뜯겠다는 야망은 버렸겠지?

'하루'의 쪼꼬미 일지

오늘의 동물 → **검목상어**

오늘 처음 만난 심해 동물, 검목상어 '깡이'!
과연 소문만큼이나 무지막지한 녀석이었다. 팔뚝만 한 몸집으로
수중 드론까지 물어뜯다니 이름만큼이나 깡이 아주 대단한 녀석이다!

📷 오늘의 찰칵!

깡이가 낮 동안 머무는 심해의 모습이야! 정말 깜깜하지?

깡이가 물고 간 자리에는 이렇게 동그란 쿠키 틀 모양의 상처가 남아.

크크, 언젠가는 기록을 깨 주겠어!

언젠가는 잠수함도 물어뜯을 수 있을까?

검목상어에 대해 알려 줄게!

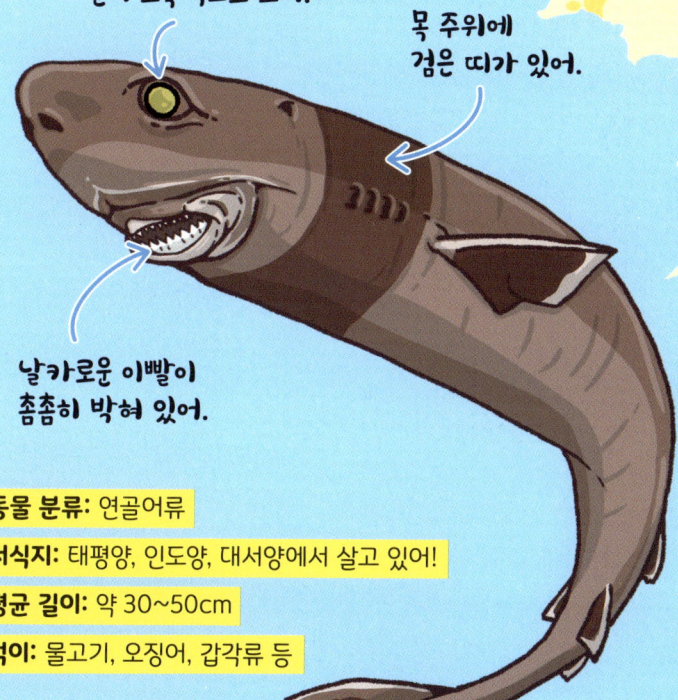

눈 속의 반사막 때문에 눈이 초록색으로 보여.

목 주위에 검은 띠가 있어.

날카로운 이빨이 촘촘히 박혀 있어.

- ✓ **동물 분류:** 연골어류
- ✓ **서식지:** 태평양, 인도양, 대서양에서 살고 있어!
- ✓ **평균 길이:** 약 30~50cm
- ✓ **먹이:** 물고기, 오징어, 갑각류 등

더 알아보자!

검목상어는 낮에는 수심 약 1,000m의 심해에서 지내다가 밤이 되면 저녁 거리를 찾아 수면으로 이동해. 몸에서 빛을 내어 작은 생선으로 위장해 먹잇감을 유인하는데, 황새치, 범고래 등 자기보다 몸집이 큰 동물의 살점을 물어뜯는 것을 즐기지. 검목상어는 입술로 먹이의 살갗을 빨아들인 다음, 날카롭고 뾰족한 68개의 이빨을 먹잇감의 몸에 깊숙이 박아. 그런 다음 몸을 돌려 살점을 비틀어 떼어 내지. 이렇게 떨어진 살점의 모양이 쿠키 틀 모양과 비슷해서 쿠키커터상어라고 불리기도 해.

5장

환경에 적응한 동물 이야기

다양한 환경에서 살아가는 동물들!
내 반려동물은 어떤 병에 취약할까
에필로그 〈쪼꼬미의 소소한 일상 만화〉

다양한 환경에서 살아가는 동물들!

모든 생물의 생존에 영향을 미치는 자연적 조건을 '환경'이라고 해. 그리고 생물은 환경에 적응하기 위해 오랜 시간에 걸쳐 생김새나 행동 방식을 바꾸는데, 이것을 '적응'이라고 하지. 동물들은 각각 어떤 환경에, 어떤 방식으로 적응해 살고 있는지 알아볼까?

체크 포인트 1

다양한 환경에 적응하여 살아가는 동물들

동물들은 특정한 환경에서 살아남기 위해 몇 세대에 걸쳐 적응하고 진화해. 이런 증거는 주변에서도 찾아볼 수 있지. 과연 동물들은 어떤 방식으로 적응하고 진화하는지 알아볼까?

족제비는 짧고 유연한 다리를 이용해 아파트, 가로등, 전봇대 등과 같은 도시의 복잡한 구조물 사이를 요리조리 돌아다니며 사냥할 수 있어.

낙타는 등에 난 혹 속의 지방으로 수분이 없는 사막처럼 극도로 건조하고 수분이 부족한 기후에서도 견딜 수 있어. 또 단열재 역할을 하는 털로 사막의 뜨거운 열기를 막아 내지.

가오리는 바다 밑바닥에서 사는 동물로 위아래가 납작한 독특한 생김새를 가지고 있어. 바다 밑 생활에 알맞게 적응하는 과정에서 몸의 형태가 지금처럼 납작하게 바뀌었어.

재규어는 나무가 빽빽하게 자라는 열대 우림에서 사는 동물이야. 먹이를 사냥할 때는 점박이 무늬를 활용해 수풀 뒤에 그림자처럼 숨어 있다가 공격하지.

북극여우는 일 년 내내 얼음과 눈으로 덮인 북극에 사는 동물이야. 추위를 견디기 위해 몸에 지방층이 두껍게 발달했고, 귀가 작아 몸속의 열이 방출되는 것을 막을 수 있어.

검은코뿔소는 풀과 나무가 드넓게 펼쳐진 초원에 사는 동물이야. 주로 잎이나 잔가지를 따 먹으며 살아가는데, 이런 식성 때문에 윗입술이 갈고리처럼 뾰족하게 발달했어.

체크 포인트 2

극한의 환경에 적응해 살아가는 동물

얼어붙은 극지나 펄펄 끓는 화산 지대, 햇빛이 들지 않는 심해처럼 극한의 환경에서도 살아가는 동물이 있어. 과연 동물들이 이런 극한의 환경에서 어떻게 적응하며 살아가는지 알아볼까?

따라와~.

심해는 수심이 200m 이상이 되는 곳을 말해. 대기와의 접촉이 없어서 빛이 전혀 들지 않지. 이곳의 동물들은 스스로 빛을 만들어 내거나, 다른 생물의 빛을 이용해 생존해.

초음파를 이용해 비행할 수 있어!

동굴은 어둡고 습한 환경으로, 햇빛이 거의 들지 않아. 이곳에 사는 동물들은 눈이 퇴화된 대신 온도, 소리, 냄새를 민감하게 감지하는 다른 감각 기관이 발달했어.

내 멋진 철 갑옷 좀 볼래?

열수구는 바다 밑의 지각으로부터 뜨거운 물(270~380℃)이 스며 나오는 곳이야. 여기에서 사는 동물들은 가스로 숨을 쉬고, 용암에서 나오는 찌꺼기를 먹으며 살아.

체크 포인트 3

야생 동물, 우리가 보호해요!

다양한 환경에 적응해 살아가는 동물들은 자연의 다양성을 지켜 주는 생태계의 중요한 구성원이야. 그렇다면 동물들을 위해 우리는 어떤 노력을 할 수 있을까?

살려 주세요! 숨을 못 쉬겠어요!

무심코 버린 쓰레기가 야생 동물에게는 위협이 될 수 있어. 야외 활동 시 깨끗한 환경과 야생 동물 보호를 위해 쓰레기를 함부로 버리지 말아 줘!

등산을 할 때는 등산로를 벗어나지 않도록 조심하고, 도토리 같은 먹이는 야생 동물들의 겨울나기 양식이므로 채취하지 말고 남겨 줘!

허가를 받지 않고 야생 동물을 사냥하거나 판매, 구입을 하는 것은 불법이야. 특히 「야생생물법」 제8조에 따르면 멸종 위기종에 관계없이 야생 동물을 죽이는 행위는 금지되어 있다는 사실을 잊지 마!

아야야, 너무 아파요!

보호자 필수 상식
내 반려동물은 어떤 병에 취약할까?

페넥여우는 식육목 개과 여우 속에 분류되는 개과 동물이라 반려견처럼 견사상충 질환에 걸릴 수 있어요. 반려견과 마찬가지로 예방 접종을 정기적으로 해 주어야 해요.

3개월~6개월이 된 병아리는 구충에 감염되기 쉬워요. 빈혈, 설사, 피가 섞인 변을 보는 등의 증상을 보이면 바로 병원에 가야 해요!

'대사성 골질환'은 도마뱀들이 걸리기 쉬운 질병으로 칼슘 부족이 원인이 되기도 해요. 입천장의 칼슘 주머니를 보면 칼슘이 부족한지 알 수 있는데, 주머니가 작다면 먹이에 칼슘을 첨가해 주면 돼요.

호스필드거북은 감기나 눈병에 아주 취약해요. 이를 예방하려면 온습도를 잘 설정해 주고 온욕 시 물 온도를 잘 맞추었는지, 온욕 후 물기를 닦았는지 확인하는 것이 좋아요.

쪼꼬미의 소소한 일상 만화

- 지구를 지키는 똥! -

원작 SBS TV 동물농장 X 애니멀봐

〈SBS TV 동물농장 X 애니멀봐〉는 496만 명의 구독자를 보유한 유튜브 채널로, 다채로운 동물 이야기를 다루며 사람과 동물의 세계를 더 가깝게 연결해 주고 있다. 대표적인 오리지널 콘텐츠인 '쪼꼬미 동물병원'도 다양한 이유로 병원을 찾은 소동물 친구들의 치료 이야기를 따뜻한 시선으로 담아내며, 시청자들에게 더 넓은 동물 세계를 보여 주고 있다.

감수 최영민 수의사

최영민동물의료센터 원장. 건국대학교에서 수의학 석사 및 박사 학위를 받았다. 건국대학교 수의학과 겸임교수를 지냈으며, 현재 SBS 〈TV 동물농장〉 자문위원으로 활동하고 있다.

글 권용찬

장편소설 「셜이움」을 통해 작가의 길에 들어섰다. 이후 동화, 칼럼, 만화 시나리오 등 여러 분야에서 활동하고 있으며 환상적이면서도 감동이 있는 글을 쓴다. 주요 작품으로는 장편 소설 「셜이움」, 동화 「두두리의 모험」 등이 있으며 「만화 통째로 한국사」, 「만화 인물 평전」, 「Why? People」, 「Who?」, 「드래곤 빌리지-과학생존스쿨」, 「who? 인물 중국사 시진핑」 시리즈를 비롯한 여러 학습 만화의 집필에 참여했다.

그림 이연

꿈과 재미를 주는 어린이 만화를 그리고 있는 작가로, 2011년 한국 콘텐츠진흥원 제작지원과 2012년 한국 만화진흥원 제작지원에 선정되었다. 펴낸 책으로는 「개콘 탐정단」, 「신비아파트 귀신백과」, 「허팝 과학파워」, 「입시덕후」 등이 있다.

초판 1쇄 인쇄 2024년 12월 12일   초판 1쇄 발행 2024년 12월 27일
원작_SBS TV동물농장 X 애니멀봐   글_권용찬   그림_이연

발행인_심정섭   편집인_안예남   편집팀장_이주희   편집_송유진
제작_정승헌   브랜드마케팅_김지선, 하서빈   출판마케팅_홍성현, 경주현   디자인_DESIGN PLUS
발행처_㈜서울문화사   인쇄처_에스엠그린   등록일 1988년 2월 16일   등록번호_2-484
주소_서울시 용산구 새창로 221-19   전화_(02)799-9321(편집), (02)791-0752(출판마케팅)

ISBN 979-11-6923-356-9
ISBN 979-11-6923-149-7 (세트)

copyright ⓒSBS. Corp ALL RIGHTS RESERVED
※본 제품은 SBS와의 정식 라이선스 계약에 의해 ㈜서울문화사에서 제작, 판매하는 것으로 무단복제 및 판매 시 법의 처벌을 받습니다.
※잘못된 제품은 구입하신 곳에서 교환해 드립니다.

★ 〈깜짝 등장! 쪼꼬미 퀴즈!〉 정답

1번 O 2번 O 3번 X 4번 O 5번 O
6번 O 7번 X 8번 X 9번 O 10번 X

넓은 바다를 건너온 **모카우유**의 시끌벅적 **한국 생활 적응기**!
새롭고 신나는 일상 속으로 함께 떠나요★

ⓒ모카밀크, ⓒSANDBOX NETWORK.

문의 (02)791-0757 서울문화사